BEI GRIN MACHT SICH IHR WISSEN BEZAHLT

- Wir veröffentlichen Ihre Hausarbeit, Bachelor- und Masterarbeit
- Ihr eigenes eBook und Buch - weltweit in allen wichtigen Shops
- Verdienen Sie an jedem Verkauf

Jetzt bei www.GRIN.com hochladen und kostenlos publizieren

Nadja Groß

Hauptsatzwortstellung im Nebensatz

Zur Beobachtung eines sich verstärkenden Phänomens unserer Sprache

GRIN Verlag

Bibliografische Information der Deutschen Nationalbibliothek:

Die Deutsche Bibliothek verzeichnet diese Publikation in der Deutschen Nationalbibliografie; detaillierte bibliografische Daten sind im Internet über http://dnb.d-nb.de/ abrufbar.

Dieses Werk sowie alle darin enthaltenen einzelnen Beiträge und Abbildungen sind urheberrechtlich geschützt. Jede Verwertung, die nicht ausdrücklich vom Urheberrechtsschutz zugelassen ist, bedarf der vorherigen Zustimmung des Verlages. Das gilt insbesondere für Vervielfältigungen, Bearbeitungen, Übersetzungen, Mikroverfilmungen, Auswertungen durch Datenbanken und für die Einspeicherung und Verarbeitung in elektronische Systeme. Alle Rechte, auch die des auszugsweisen Nachdrucks, der fotomechanischen Wiedergabe (einschließlich Mikrokopie) sowie der Auswertung durch Datenbanken oder ähnliche Einrichtungen, vorbehalten.

Impressum:

Copyright © 2011 GRIN Verlag GmbH
Druck und Bindung: Books on Demand GmbH, Norderstedt Germany
ISBN: 978-3-656-39351-1

Dieses Buch bei GRIN:

http://www.grin.com/de/e-book/211224/hauptsatzwortstellung-im-nebensatz

GRIN - Your knowledge has value

Der GRIN Verlag publiziert seit 1998 wissenschaftliche Arbeiten von Studenten, Hochschullehrern und anderen Akademikern als eBook und gedrucktes Buch. Die Verlagswebsite www.grin.com ist die ideale Plattform zur Veröffentlichung von Hausarbeiten, Abschlussarbeiten, wissenschaftlichen Aufsätzen, Dissertationen und Fachbüchern.

Besuchen Sie uns im Internet:

http://www.grin.com/

http://www.facebook.com/grincom

http://www.twitter.com/grin_com

Hausarbeit
Sommersemester 2010
Fachbereich II
Deutsch als Fremdsprache

Hauptsatzwortstellung im Nebensatz
Zur Beobachtung eines sich verstärkenden Phänomens unserer Sprache

Hausarbeit im Fach Deutsch als Fremdsprache an der Universität Trier
Proseminar II: Sprachtendenzen
Veranstaltungsnummer: 22602

vorgelegt von:
Nadja Groß

Fachsemester 2, DaF Zusatzzertifikat

Trier, Oktober 2010

Inhaltsverzeichnis

1 Einleitung 2

2 Das Verb 3

2.1 Finite und infinite Verbformen 3

2.1.1 Das finite Verb 3

2.1.2 Das infinite Verb 4

2.2 Stellungstypen des finiten Verbs 4

2.2.1 Zweitstellung 4

2.2.2 Erststellung 5

2.2.3 Endstellung 5

3 Die Hauptsatzwortstellung im Nebensatz 6

3.1 Sachverhalt 6

3.2 Synonyme Verwendung mit dem Begriff Anakoluth? 7

3.3 Gründe 8

3.3.1 Historisch 9

3.3.2 Dialektal 10

3.3.3 Unterscheidung Schriftsprache und gesprochene Sprache 11

3.3.6 Lückenhafte Behandlung in Grammatiken? 12

3.4 Folgen 13

4 Schluss 14

5 Literaturverzeichnis 15

1 Einleitung

„Betrachtet man die Sprachverwendung in alltäglichen Gesprächen, so entdeckt man unschwer Konstruktionen, die von der standardsprachlichen Norm abweichen."[1] Die deutsche Syntax ist komplex. Vor allem Nicht- Muttersprachlern fällt es schwer, alle Satzteile an die richtige Stelle zu bringen. Aber auch Muttersprachler sind oftmals mit der Reihenfolge überfordert. Aufgrund mehrer Möglichkeiten der Stellung des Verbs in einem Satz, entsteht oft eine gewisse Unsicherheit bezüglich der grammatikalisch richtigen. Die Hauptsatzwortstellung wird von den meisten beherrscht, leider ist diese zunehmend auch im Nebensatz zu vernehmen, was eine Fehlkonstruktion darstellt. Dies ist zunächst ein Phänomen, das hauptsächlich in der gesprochenen Sprache auftritt. Aber genau wie alle zunächst sprechsprachlichen Veränderungen, greift auch dieses langsam auf die Schriftsprache über. Daher lautet das Thema der vorliegenden Arbeit: Die Hauptsatzwortstellung im Nebensatz.

Zuerst wird das Verb hinsichtlich seiner *Finitheit* analysiert und beschrieben. Dadurch wird gewährleistet, dass dem Leser ein Einstieg in das Thema ermöglicht wird. Danach sollen die verschiedenen Stellungstypen des finiten Verbs erläutert werden, da diese von zentraler Bedeutung für den weiteren Verlauf der Arbeit sein werden. Grundlage für diese Untersuchungen bilden verschiedene Grammatiken sowie die Dissertation ULRIKE GAUMANNS berufen, die auch im weiteren Verlauf als Basis für meine Beschreibungen dienen wird.

Somit sollten alle notwendigen Grundlagen dafür gelegt sein, im nächsten Teil das Problem der Hauptsatzstellung im Nebensatz darzustellen. Dazu wird zunächst der Sachverhalt geklärt. Die genauen Gegebenheiten dieses besonderen Phänomens werden beschrieben, ehe eine genaue Begriffseinordnung unter der Leitfrage, ob die Hauptsatzstellung im Nebensatz synonym mit dem Begriff „Anakoluth" verwendet werden kann, geklärt wird. Danach sollten alle Weichen gelegt sein, die Gründe für die Hauptsatzwortstellung im Nebensatz darzulegen. Diese sind viererlei: Sie können historischen oder dialektalen Ursprungs sein, auf den Unterschied zwischen der gesprochenen und der geschriebenen Sprache zurückzuführen sein, oder auf eine mangelnde Erwähnung in den Grammatiken zurückzuführen sein. Anschließend soll auf die Folgen, die die Hauptsatzwortstellung im Nebensatz mit sich tragen könnte, eingegangen werden.

---

[1] Günther 2008: 103.

2 Das Verb

Es ist bekannt, dass das Verb an sich nicht so einfach abgehandelt werden kann. In der *Dudengrammatik* wird beispielsweise zwischen „einfachen und mehrteiligen Verbformen" unterschieden.[2] Die erste Kategorie wird nochmals in finite und infinite Verben unterteilt. In seinem *Grammatischen Kompendium* zählt KÜRSCHNER die „Finitheit" zu den „Grammatischen Kategorien des Verbs".[3] Diese Unterteilung soll nun im zentralen Fokus stehen.

2.1 Finite und infinite Verbformen
2.1.1 Das finite Verb

Die Bedeutung des Wortes *finit* stammt aus dem Lateinischen und bedeutet „bestimmt". Die Definition einer „finite[n] Form" im Duden Fremdwörterbuch lautet: „in Person und Zahl bestimmte Verbform im Unterschied zum Infinitiv und Partizip."[4] Wenngleich diese Definition nicht sehr ausführlich ist, so ist sie doch in ihrer Aussage direkt und aufschlussreich. Auch KÜRSCHNER verweist auf „Person und Numerus" er fügt jedoch in Klammern hinzu, dass solche Verben „auch hinsichtlich Tempus, Modus und Diathese[5] [...] bestimmt" sind.[6] Im *Grammatikduden* wird auch auf diese vier Kategorien eingegangen, interessanterweise wird hier außerdem davon gesprochen, dass „Person und Numerus des finiten Verbs [...] durch das Subjekt des Satzes bestimmt [sind ... und] damit zur Verdeutlichung der syntaktischen Struktur des Satzes" beitragen.[7] Diese Information ist sehr wichtig für diese Arbeit, da der Bruch der syntaktischen Strukturen behandelt werden soll. Sie gibt Aufschluss darüber, dass es klare syntaktische Regeln bezüglich der Verbstellung im Satz gibt.

JOHANNES ERBEN führt in seinem Buch mit dem Titel *Deutsche Grammatik* einen Abschnitt über „Das Problem der »Satzglieder«" an, in dem er das finite Verb als „Grundglied der Hierarchie des deutschen Satzes" tituliert. Er spricht ihm eine Reihe verschiedener Funktionen zu:

> „Sein Wortinhalt (Begriff) ist maßgebend für den sprachlichen Aufschluß einer Situation als »Seins«- oder »Verhaltens«- Bestimmung. Von seiner »Wertigkeit« (»Valenz«, »Fügungspotenz«) hängt es ab, welche Ergänzungsbestimmungen (»Mitspieler«) im Felde des Satzes notwendig oder möglich sind. So

---

[2] Duden Grammatik 2009: 430.
[3] Kürschner 2008: 99.
[4] Duden Fremdwörterbuch 2007: 325.
[5] Den Begriff „Diathese" setzt Kürschner mit „Genus Verbi" gleich und verwendet ihn stattdessen. Er zählt ihn auch zu den „grammatische[n] Kategorie[n] des Verbs.
[6] Kürschner 2008: 99.
[7] Duden Grammatik 2009: 429.

ergeben sich bestimmte Grundmodelle des deutschen Satzes, häufig wiederkehrende syntaktische Ketten oder Grund-Programme mit situationsbedingten Ausbauvarianten."[8]

2.1.2 Das infinite Verb

Auch das Wort *infinit* ist dem Lateinischen entsprungen, die Bedeutung verändert sich aufgrund des Präfix *-in*. Insofern wird dem Wort *finit* nun ein *-in* hinzugefügt und somit ergibt sich die Wortbedeutung „unbestimmt".[9] *Infinit* ist somit das Antonym des Wortes *finit*. Wie aus der Definition des Wortes *finit* zu erschließen ist, treten diese Verben im Infinitiv oder Partizip auf.[10] Sowohl Verbformen, die im Partizip I (Partizip Präsens) als auch solche, die im Partizip II (Partizip Perfekt) auftreten werden als *infinit* bezeichnet. Die Dudenredaktion und KÜRSCHNER gleichermaßen treffen eine weitere Unterscheidung. Für sie gibt es „Varianten" zu dem „'reine[n] Infinitiv'" und dem „gewöhnlichen Partizip I", die als „zu-Infinitv" (*zu geben*) und „zu-Partizip"[11] (*zu gebend-*) bezeichnet werden.[12]

Infinite Verben stellen außerdem den Grundbaustein für die Bildung mehrteiliger Verben dar. Diese nämlich „bestehen aus (mindestens) einem Hilfsverb (haben, sein oder werden) und einer infiniten Form (Infinitv oder Partizip II) eines Vollverbs (i.w.S.)."[13] Diese zusammengesetzten Verben können dann jedoch nicht mehr als *infinit* betrachtet werden, sondern sind wieder *finit*, da ihnen wieder Person und Zeit hinzugefügt werden.

2.2 Stellungstypen des finiten Verbs

Laut GLÜCK / SAUER gibt es im Deutschen drei verschiedene Satzstellungstypen für das finite Verb.[14]

2.2.1 Zweitstellung

Wie der Begriff „Zweitstellung" bereits erahnen lässt, steht das Verb an zweiter Stelle des Satzes. Diese Stellung ist bei verschiedenen Satzgebilden vorzufinden. Am häufigsten ist sie wohl beim *konstativen Hauptsatz* zu vernehmen: „*Er liest das Buch heute.*" Des Weiteren kommt sie in *Entscheidungs- oder Ergänzungsfragen* vor: „*Was liest er?*". Eine weitere Möglichkeit, das Verb an zweiter Stelle des Satzes anzusiedeln, tritt dann auf, wenn ein *uneingeleiteter Nebensatz* verwendet wird: „*Ich denke, er liest das Buch.*" Hierbei ist wichtig,

---

[8] Erben 1977: 148f.
[9] Stowasser 2006: 261.
[10] Vgl. Duden Fremdwörterbuch 2007: Wortdefinitionen zu *finit* und *infinit* auf den Seiten 324 und 452.
[11] Diese Untergliederung gilt jedoch lediglich für das Partizip I, dem Partizip II (*gegeben*) kann gewiss kein zu vorangestellt werden.
[12] Duden Grammatik 2009: 430 (siehe auch Kürschner 2008: 99f, dieser gebraucht lediglich andere Bezeichnungen, er verwendet „pur" anstelle von „rein").
[13] Ebd.
[14] Vgl. Glück/Sauer 1990: 44.

dass man seinen Fokus lediglich auf den Kernsatz legt, da hier die Zweitstellung vorzufinden ist und der Satz separat betrachtet werden muss.[15]

2.2.2 Erststellung

Dieser Stellungstyp wird auch als „Spitzenstellung" bezeichnet.[16] Hier befindet sich das Verb an erster Stelle des Satzes. GAUMANN schreibt diese Stellung fünf Satztypen zu. Die *Entscheidungsfrage* ist einer davon. Diese Art, Fragen zu stellen, wird direkt mit dem Verb eingeleitet, dieses steht also an erster Stelle des Satzes: *„**Liest** er das Buch?"* Auch *Imperativsätze*, also Sätze, die Aufforderungen/Befehle enthalten, bergen ihr Verb an erster Stelle: *„**Lies** das Buch!"* Zu nennen ist überdies der „uneingeleitete Nebensatz (kausaler Angabesatz in Vorfeldstellung)": *„**Liest** er das Buch nicht, so gibt er es bald zurück."* Auch wenn der Nebensatz im Vorfeld zu finden ist, wird die Erststellung benützt: *„Wenn er Zeit hat, **liest** er das Buch."* Schließlich auch bei Wünschsätzen muss das Verb an erster Stelle stehen: *„**Läse** er das Buch doch!"*.[17]

2.2.3 Endstellung

GAUMANN und ERBEN nennen diesen Stellungstyp „Endstellung"[18], die Dudengrammatik bezeichnet den ganzen Satz als „Verbletztsatz"[19]. In dieser ist auch zu lesen, dass diese Art der Verbstellung in der Regel nur in Nebensätzen vorzufinden ist. Um dies zu belegen, werden verschiedene Arten von Nebensätzen vorgestellt. Dazu zählen: „die meisten Relativsätze: [...] *Das ist das Buch, auf dessen letzter Seite ich das Zitat **fand**.* [...], w-Fragenebensätze [...] und Ausrufenebensätze: [...] *Ich frage mich, welches Buch ich **kaufen soll**.* und Subjunktionalsätze: *Bis der Bus **kommt**, liest Otto seine Zeitung.*"[20]

JOHANNES ERBEN geht noch ein wenig ausführlicher auf die verschiedenen Arten von Nebensätzen ein. Er bezeichnet Nebensätze als „unselbständige (Glied-)Sätze" und stellt ein komplettes „charakteristische[s] Satzschema[...]" vor:

> „Die Satzspitze ist einem pronominalen oder konjunktionalen Anschlußstück vorbehalten, das die Verbindung zum übergeordneten Satz herzustellen und den funktionalen Charakter des Gliedsatzes anzudeuten hat (z.B. *wer, damit, ob, weil*); das Satzende ist dem finiten Verb zugewiesen: *Ich weiß nicht, wer* (oder: *ob er*) *jetzt dort **wohnt*** (abhängiger Fragesatz ← *Wer wohnt jetzt dort? Wohnt er jetzt dort?*). *Die Kinder freuen sich, weil der Vater ihnen Äpfel **geschenkt hat*** (Kausal- oder Begründungssatz). *Er eilt, damit er den Anschlusszug noch **erreichen kann*** (Final- oder Zwecksatz)."[21]

---

[15] Gaumann 1983: 4f.
[16] Vgl. Erben 1977: 148.
[17] Gaumann 1983: 6.
[18] Ebd.: 6 und Erben 1977: 143.
[19] Duden Grammatik 2009: 864.
[20] Ebd.: 864f.
[21] Erben 1977: 143.

Bei diesem Zitat ist auffällig, dass ERBEN direkt auf die verschiedenen Arten von Nebensätzen eingegangen ist. Diese Beispiele sind von enormer Wichtigkeit für diese Arbeit. Für SUSANNE GÜNTHER nämlich, spielen diese eine entscheidende Rolle. Sie ist der Meinung, dass die Hauptsatzstellung überwiegend in Nebensätzen vorkommt, die mit *weil* oder *obwohl* eingeleitet werden.[22] Darauf wird im weiteren Verlauf dieser Arbeit näher eingegangen werden.

Abschließend anzumerken ist, dass es eine einzige Ausnahme gibt, bei der die Verbendstellung nicht im Nebensatz angewendet wird. Diese tritt laut GAUMANN dann auf, wenn „der irreale Komparativsatz mit *als* auftritt: *Es scheint so, als **läse** er das Buch.*"[23]

3 Die Hauptsatzwortstellung im Nebensatz
3.1 Sachverhalt

Der erste Teil dieser Arbeit handelte von den verschiedenen Möglichkeiten der Ansiedlung des finiten Verbs im Satz. Überdies hinaus existieren neben diesen grammatisch korrekten Formen auch Abwandlungen davon. Diese sind nicht als grammatisch korrekt zu beurteilen, aber doch oft in der alltäglichen Sprache zu finden.

GAUMANN bietet in ihrer Dissertation verschiedene Beispiele, die demonstrieren, wie genau sich die Hauptsatzwortstellung im Nebensatz ereignet:

(a) „*Sie können nicht hinein, **weil**: da ist jetzt zu.*" (Einleitung durch *weil*)[24]

(b) „*Ich hab die Bilder mitgebracht, **obwohl**: du hast sie doch schon gesehen.*" (Einleitung durch *obwohl*)[25]

(c) „*Mit dem einen Nachhilfeschüler komm ich ganz gut zurecht, **während**: mit dem Bruder ist es ziemlich schwierig*" (Einleitung durch *während*)[26]

(d) „*Ich hab die Fenster mal abgedichtet, **weil: sonst** zieht es immer so.*" (Translativ-Kombination)[27]

Dieses Phänomen der Hauptsatzstellung im Nebensatz ist nicht nur „in der informellen Umgangssprache" wahrzunehmen. Mittlerweile sind solche Sätze auch aus den Mündern von „Nachrichtensprecher/inne/n [zu vernehmen], die ja als Vertreter/innen der Standardsprache

---

[22] Günther 2008: 104.
[23] Gaumann 1983: 6f.
[24] Ebd.: 38.
[25] Ebd.: 44f.
[26] Ebd.: 46.
[27] Ebd.: 48f.

gelten."[28] Dazu hat GÜNTHER verschiedene Sequenzen aus Interviews und Zeitungen für den gebildeten Leser gefunden. Ein Beispiel, das sie aus der Süddeutschen Zeitung vom 9.10.1998 zitiert, ist folgendes:

> „Nichts gegen Sachsen. Wirklich nicht. Obwohl... Nein, die Sprache ist schön, zumindest in Dresden, so weich und breit, und das Kinn ganz vorgeschoben, und die Mundwinkel ganz runtergezogen."[29]

Interessanterweise nimmt GÜNTHER eine Distinguierung bezüglich dieses Phänomens vor. Sie ist der Meinung, dass die Hauptsatzstellung in Nebensätzen lediglich „auf die Konnektoren *weil* und *obwohl* sowie auf das Pronominalverb *wobei*" beschränkt.[30] Auch die *Duden Grammatik* schreibt dieses Phänomen lediglich denselbigen zu.[31] ULRIKE GAUMANNS Dissertation trägt den Titel „Weil die machen jetzt bald zu". Dieser Satz ist bereits Indiz dafür, dass *weil* durchaus Träger dieser Fehlkonstruktion ist. Dennoch ist GAUMANN nicht der Meinung, dass diese Fehlkonstruktion nur bei *weil, obwohl* und *wobei* vorkommt. Wie die oben angeführten Beispiele (a) bis (d) bereits zeigen, so wird diese Fehlkonstruktion auch durch andere Einleitungswörter veranlasst.

3.2 Synonyme Verwendung mit dem Begriff Anakoluth?

Schlägt man den Begriff „Anakoluth" im *Duden* nach, so findet man den Hinweis auf ein Stilmittel. Es wird dann eingesetzt, wenn „Lebhaftigkeit und Authentizität" zum Ausdruck gebracht werden sollen. Anakoluthe treten für gewöhnlich eher in der gesprochenen Sprache auf, findet man sie in der schriftlichen, so wird der Satz als „fehlerhaft" oder „charakterologisch" bezeichnet.[32]

SOWINSKI schreibt dem Anakoluth folgende Eigenschaften zu:

> „*Anakoluth*: Hierbei stimmt die Wiederaufnahme im Kasus, Numerus oder in anderen grammatischen Bezügen nicht mehr mit den Vorgaben überein; der Sprecher oder Schreiber hat scheinbar den roten Faden seines Gedankens aus dem Blick verloren."[33]

Auf Grundlage dieses Zitats könnte angenommen werden, dass der Begriff „Anakoluth" durchaus synonym mit der Hauptsatzstellung im Nebensatz verwendet werden könnte. Jedoch äußert sich SOWINSKI nicht ausdrücklich dazu. Daher sollten zusätzlich die Meinungen anderer Linguisten hinzugezogen werden.

GLÜCK und SAUER sind der Auffassung, dass die Hauptsatzwortstellung im Nebensatz nicht synonym mit dem Begriff „Anakoluth" verwendet werden kann: „Nach unserer Auffassung

---

[28] Günther 2008: 121.
[29] Beispiel aus der Süddeutschen Zeitung 9.10.1998 zu finden in Günther 2008: 121.
[30] Günther 2008: 123.
[31] Vgl. Duden Grammatik 2009: 1206.
[32] O.V.: http://www.uni-protokolle.de/Lexikon/Anakoluth.html.
[33] Sowinski 1991: 97.

stellt die Verbzweitstellung in den erörterten Fällen nicht unbedingt einen Anakoluth oder einen sonstigen Fehler dar."[34] Die Begründung dafür sehen sie im Unterschied zwischen der gesprochenen und der geschriebenen Sprache, worauf in Kapitel 3.3.3 dieser Arbeit noch näher eingegangen wird.

Vielmehr ist anzumerken, dass die Verwendung eines Anakoluths bewusst geschieht; die der Hauptsatzwortstellung im Nebensatz meiner Meinung nach jedoch unbewusst passiert. Bereits im Jahre 1896 bezog FRIEDRICH BLATZ in seiner *Neuhochdeutschen Grammatik* Stellung zu dieser grammatischen Erscheinung:

> „Das Verbum finitum nimmt im Nebensatz in der Regel die letzte Stelle ein. [...] Außerdem findet auch sonst nicht selten zum Zweck nachdrücklicher Hervorhebung eines Satzteils oder Wohllauts wegen in der Prosa (bei Dichtern auch ohne solchen Anlaß) abweichende Stellung des Verbi finitum statt, [...] Der Volkstümlichen Prosa und der Dichtersprache ist es eigen, bei koordinierten Nebensätzen im zweiten gern die Hauptsatzstellung eintreten zu lassen."[35]

BLATZ belegt all diese Vermutung mit zahlreichen Beispielen. Obwohl er den Begriff „Anakoluth" nicht explizit nennt, so beschreibt er genau ebendies. In der 2007 erschienenen *Mittelhochdeutschen Grammatik* HERMANN PAULS, greift dieser das „Anakoluth und [dessen] verwandte Erscheinungen" ebenfalls auf. Hier ist jedoch eine Bedeutungsgleichsetzung vorzufinden. Er beschreibt das „Anakoluth" sowohl als bewusst eingesetztes Stilmittel sowie als „Charakteristikum der gesprochenen Sprache". Dies ist auch völlig legitim, zieht man seine Definition des Terms „Anakoluth" hinzu:

> „Als Anakoluthe bezeichnet man Satzfügungen, in denen eine begonnene Konstruktion nicht in der zu erwartenden Weise weitergeführt wird, sondern unvermerkt in eine andere Konstruktion übergeht."[36]

Es ist jedoch zu beachten, dass es in dieser Arbeit ausschließlich um das Phänomen der „Hauptsatzwortstellung im Nebensatz" geht, der Begriff „Anakoluth" jedoch viel weitreichender eingesetzt werden kann. Daher ist festzuhalten, dass das für diese Arbeit relevante Phänomen zwar auch als „Anakoluth" bezeichnet werden kann, diese Bezeichnung jedoch umgekehrt nicht hergestellt werden kann. Folglich ist kein synonymer Gebrauch möglich!

3.3 Gründe

Die Hauptsatzstellung in Nebensätzen kann auf verschiedene Gegebenheiten zurückgeführt werden. Die Begründungen dafür sind vielseitig.

---

[34] Glück/Sauer 1990: 49.
[35] Blatz 1896: 764f.
[36] Paul 2007: 470.

3.3.1 Historisch

In ihrem Kapitel mit dem Titel „Hauptsatzwortstellung im Nebensatz" liefern HELMUT GLÜCK und WOLFGANG SAUER verschiedene Begründungen für diese „Umkonstruktion".[37] Allem voran nennen sie einen historischen Grund, bei dem die sich auf die Dissertation ULRIKE GAUMANNS beruft. Diese schreibt nämlich,

> „[...] dass die Zweitstellung des verbum finitum der einzige Stellungstyp ist, der in der Sprachentwicklung kontinuierlich auftritt: Seine Verwendung lässt sich durchgängig vom heutigen Sprachgebrauch bis zu den ersten schriftlich realisierten Texten zurückverfolgen."[38]

Sie wiederum beruft sich auf MAURER, wenn sie schreibt, dass „in althochdeutschen Texten" vor allem aber im „älteren Althochdeutsch" beide Formen nebeneinander existierten. Zu jener Zeit sei es üblich gewesen, sowohl die Variante, in der das Verb am Ende des Nebensatzes als auch diese, in der es an anderer Stelle gestanden habe, „gleichberechtigt" zu verwenden.[39] MAURER stellt jedoch auch fest, dass das finite Verb „gegen Ende der Sprachperiode des Althochdeutschen" seinen Platz eher am Ende des Nebensatzes fand und bezieht sich auf Notker von Sankt Gallen (950-1022), der aus dem Lateinischen ins Althochdeutsche übersetzte[40] und hauptsächlich die Variante der Verbendstellung in Nebensätzen verwendete. Dennoch schreibt er: „Wir sehen also, dass wir im Althochdeutschen durchaus nicht mit regelmäßiger oder weit überwiegender Endstellung des Verbs zu rechnen haben."[41]

Auch im Mittelhochdeutschen werden beide Verbstellungstypen im Nebensatz verwendet.[42] HELMUT DE BOOR und ROSWITHA WISNIEWSKI führen in ihrer *Mittelhochdeutschen Grammatik* ein Kapitel über „Konstruktionsbrüche" an. Sie beobachten insgesamt zwei Oberkategorien des Konstruktionsbuchs, das „Anakoluth" und die „Parenthese". Dem Oberbegriff „Anakoluth" wird das Phänomen der Hauptsatzstellung in Nebensätzen zugeordnet:

> „Eine begonnene Satzkonstruktion wird nach einem angefügten Nebensatz abgebrochen, so daß der noch fehlende Teil des Satzgefüges fast wie ein selbständiger Satz konstruiert wird (*ir wizzet wol daz ein man der ir iewederz nie gewan, reht lieb noch grôzez herzeleit, dem ist der munt niht sô gereit...* Greg. 789-92)."[43]

Hiermit führen BOOR und WISNIEWSKI direkt auch ein Beispiel an, das ihre These festigt. Somit ist bewiesen, dass es im Mittelhochdeutschen ebendiese Verbstellung in der Schriftsprache tatsächlich gab. Jedoch gehen sie nicht weiter auf eine geographische Einordnung ein. Dies aber tut MAURER ganz bewusst. Er hält seine Ergebnisse über „Die

---

[37] Glück/Sauer 1990: 45.
[38] Gaumann 1983: 8.
[39] Maurer 1926, in Gaumann 1983: 8.
[40] Heitzmann: http://www.bsz-bw.de/depot/media/3400000/3421000/3421308/00_0178.html.
[41] Maurer 1926 in Gaumann 1983: 8.
[42] Vgl. Maurer 1926: 15.
[43] Boor und Wisniewski 1984: 188f.

Verteilung des Endstellung von «sein»" tabellarisch fest und äußert ich über deren geographische Distinguierung folgendermaßen:

> „Meine Vermutung, daß auch bereits in älterer Zeit die verschiedenen Ma.-Gebiete sich in Bezug auf die Endstellung des Verbum finitum verschieden verhalten, ist erwiesen. Es geht mit völliger Klarheit aus der Darstellung hervor, daß das Schwäbische, das Elsässische, Teile des Rheinfränkischen, das Hochalemannische, schließlich Krain und Kärnten durch das 16. Jahrhundert hindurch und bis ins 17. Jahrhundert hinein die Voranstellung des Verbum finitum noch im Gebrauch haben; während umgekehrt das Ostmitteldeutsche und das Nordbayrische sowie Mainz, dann in gewissem Abstand folgend, Mittelbayrisch und Niederalemannisch schon vom 14. Jahrhundert an ganz überwiegend die Endstellung des Verbum finitum durchgeführt haben."[44]

Das bedeutet also, dass bestimmte Gebiete weniger geographisch erschlossen waren als andere und sich der Wandel von der Verbend- zur zweitstellung dort erst sehr spät vollziehen konnte. Um dies zu stützen, stellt MAURER die Frage nach dem Zusammenhang, in dem sich die „Gegenden um Nürnberg, um Mainz, das Niederalemannische und Bayerns größte Teile" auf der einen Seite, „Elsaß, Schwaben, Teile Rheinfrankens" auf der anderen Seite, befinden.[45] Die Erklärung dafür sieht er im extremen Einfluss, den die Kultur des Ostmitteldeutschen innehatte. Er spricht von einem „Siegeszug des Endstellungstypus", der sich aufgrund des großen Einflusses der „Kulturzentren" im Osten ausbreitete, wo dieser ursprünglich herausgebildet wurde. MAURER wagt die Vermutung, die vom Osten ausgehende „Kulturströmung" habe sich bereits sehr früh auf westliche Kulturzentren wie Mainz und Nürnberg übertragen, sich dort nicht nur in der Mundart sondern auch in der Schriftsprache etabliert und sich von da aus verbreitet. Gebiete, die jedoch ferner entfernt waren, hatten keinen solch direkten Anschluss zu dieser neuen Kulturströmung, daher vollzog sich der „Siegeszug" später, wodurch sich der neue Endstellungstypus nicht mehr so tief in der Mundart verbreiten konnte. Aufgrund der Tatsache, dass nicht alle Gebiete gleich gut erschlossen waren, behielten diejenigen, die von dieser Strömung nicht erfasst wurden, den Zweitstellungstypus weiter bei.[46]

3.3.2 Dialektal

Es wurde schon erwähnt, dass die dialektale Begründung eng mit der historischen verknüpft ist. Aufgrund der geographischen Erschlossenheit der Gebiete, konnte sich die Verbendstellung im Nebensatz in manchen Gebieten nur sehr langsam vollziehen.
Wie bereits zuvor erwähnt, wird auch im *Grammatikduden* auf die Endstellung der Verben im Nebensatz eingegangen. Ein Zusatz, der nach der grammatisch korrekten Beschreibung dieses Stellungstyps steht, lautet:

---

[44] Maurer 1926: 149.
[45] Ebd.: 149.
[46] Ebd.: 151.

> „In der Standardsprache ist entweder nur das Vorfeld oder nur die linke Satzklammer besetzt. Vor allem im Süden des deutschen Sprachraums finden sich auch Non-Standard-Muster, bei denen beide Positionen besetzt sind."[47]

Dieses Zitat gibt einen Hinweis darauf, dass vor allem der südliche Teil, also der oberdeutsche, sich nicht strikt an die Regeln hält und man vermehrt in dieser Region Stellungsfehler vorfindet.

ULRIKE GAUMANN stellt die „Verbzweitstellung [unter anderem] als dialektale Variante" vor. Jedoch sind die Gründe, die sie dafür nennt, meines Erachtens nicht typisch dialektal. Sie erwähnt zwar, dass dieses Phänomen hauptsächlich im süddeutschen Sprachraum vorkommt, jedoch begründet sie dies mit der Pause, die eben nach der Konjunktion stattfindet. Dies ist aber ein Umstand, der bei allen Sprechern der deutschen Sprachgemeinschaft vorgefunden werden kann und daher ein Faktor, der nicht zur dialektalen Begründung für die Hauptsatzstellung im Nebensatz gezählt werden kann, sondern eher als Indiz für spontan Gesprochenes gilt.

Die einzig schlagkräftige Erklärung für die verstärkte Verwendung der Hauptsatzwortstellung im Nebensatz im oberdeutschen Sprachgebiet ist die historische. Das oberdeutsche Sprachgebiet war schlichtweg weniger angeschlossen als die Gebiete, in denen sich die Verbendstellung vollkommen durchsetzen konnte. Dies ist noch immer der Grund, weshalb die Fehlkonstruktion im Umlauf ist. Wichtig ist jedoch, darauf zu achten, dass diese sich nicht weiter ausbreitet!

3.3.3 Unterscheidung Schriftsprache und gesprochene Sprache

GLÜCK und SAUER gehen nicht davon aus, dass die von GAUMANN angeführten Beispiele zur Hauptsatzstellung in Nebensätzen immer „einen Anakoluth oder einen sonstigen Fehler dar[stellen]". Sie sind vielmehr der Auffassung, dass sich der Ursprung dieser im „Gegensatz zwischen der gesprochenen und der geschriebenen Sprachform des Deutschen" befindet. Sie sind der Meinung, dass diese noch nicht auf die Schriftsprache übergegriffen hat, sondern vornehmlich in „Dialogen [... innerhalb entspannter] Rahmenbedingungen" zu finden ist und häufig in „Antworten auf Kausalfragen" vorkommt. Daher sei dieses Phänomen lediglich ein „Spezifikum der gesprochenen Sprachform".[48] GLÜCK und SAUER verweisen des weiteren auf RATH, der sich ebenfalls Gedanken zum „Anakoluth" gemacht hat.[49] Das Werk RATHS, dem GLÜCK und SAUER ihre Informationen entnehmen, kommt in der Literaturliste dieser Arbeit leider nicht vor, jedoch liegt ein anderes, ebensolch bedeutungsvolles Werk dieses Autors vor.

---

[47] Duden Grammatik 2009: 865.
[48] Glück/Sauer 1990: 49f.
[49] Ebd.: 50.

Darin trennt dieser ganz strikt die gesprochene von der geschriebenen Sprach und hält fest, dass dem „Anakoluth" in der gesprochenen Sprache eine gewisse „kommunikative Gültigkeit" zugeschrieben werden kann.[50] Obwohl er „den Begriff im Sinne einer sprachlichen Normwidrigkeit [versteht]", hält er es doch für sinnvoll, ein solches zu verwenden, um es dem Hörer zu erleichtern, auf Hervorhebungen aufmerksam zu werden.[51]
Ein anderer Prozess, der durch diese vermeintliche Fehlkonstruktion eingeleitet werden könnte, ist der der eigenen Korrektur, die im Anschluss an das zuvor gesagte stattfindet. Der Sprecher beginnt einen Satz, stellt aber im Verlaufe dessen fest, dass er gerade etwas gesagt hat, was er eigentlich nicht sagen wollte. Daher korrigiert er sich selbst, indem er beispielsweise ein „Pronominal- bzw. Relativadverb"[52] wie *wobei* verwendet und damit eine „mögliche Schlussfolgerung[...]" korrigiert wird.[53]
Der wichtigste Aspekt jedoch ist die Tatsache, dass Geschriebenes jederzeit korrigiert werden kann, während dieser Prozess der Ausradierung bei Gesprochenem nicht mehr stattfinden kann. Sobald ein Satz gesagt ist, können die Worte nicht mehr zurückgenommen werden.
Auch die Tatsache, dass im Gesprochenen oftmals eine Denkpause nach der, den Nebensatz einleitenden, Konjunktion stattfindet, die dazu verleitet, die eigentlich korrekte Stellung des Verbs zu missachten, ist von entscheidender Rolle. Aufgrund dieser Pause wird oftmals vergessen, dass man bereits einen Satz begonnen hatte und ein neuer wird einfach eingeleitet. Dadurch kommt es zu ebendiesen Satzbrüchen. GLÜCK und SAUER stellen jedoch fest, dass im Deutschen solche Pausen nach Konjunktionen eigentlich nicht üblich sind. Daher gehen sie davon aus, dass es sich beim „Vorkommen von Pausen in den interessierenden Fällen [um] unabgeschlossene verbale Planungsstrategien [handelt]".[54]

3.3.6 Lückenhafte Behandlung in Grammatiken?

Sowohl GAUMANN wie KÜPER führen als Grund für die grammatische Fehlkonstruktion eine lückenhafte Ausführung ebendieser in den Grammatiken an.[55] Als Beispiele nennen sie die aktuellen Grammatiken und stellen fast, dass die Verfasser dieser nicht ausreichend auf das Phänomen eingehen und die Sprachgemeinschaft daher auch gar nicht erst darauf aufmerksam gemacht wird. Jedoch sind die Dissertation GAUMANNS und der Aufsatz KÜPERS Arbeiten, die mehr als zwanzig Jahre in der Vergangenheit verfasst wurden. Damals mag es sich tatsächlich

---

[50] Rath 1979: 219.
[51] Ebd.: 218.
[52] Günther 2000: 1.
[53] Ebd.: 15.
[54] Glück/Sauer 1990: 47.
[55] Vgl. Gaumann 1983: 11-14 und Küper 1991: 134f.

so verhalten haben, dass der Hauptsatzstellung im Nebensatz nicht genügend Aufmerksamkeit geschenkt wurde, heute jedoch wird sie in den signifikanten deutschen Grammatiken durchaus angesprochen. Die neueste Auflage der *Dudengrammatik* (2009) äußert sich, wenn auch nicht explizit dazu, wie bereits in Kapitel 3.3.2 festgestellt wurde:

> „In der Standardsprache ist entweder nur das Vorfeld oder nur die linke Satzklammer besetzt. Vor allem im Süden des deutschen Sprachraums finden sich auch Non-Standard-Muster, bei denen beide Positionen besetzt sind."[56]

Dieses Zitat weist bereits auf Besonderheiten bezüglich der gesprochenen Sprache hin, vor allem auf die Tatsache, dass diese Begebenheit nicht auf den ganzen deutschsprachigen Raum verteilt ist. Ansprechend ist auch ein Kapitel ganz am Ende des *Grammatikdudens*, das den Titel „Gesprochene Sprache" trägt und in dem es um genau solche Phänomene wie die Verbendstellung im Nebensatz geht. Zu finden ist ein Absatz über „Ursprüngliche Subjunktionen mit Verbzweitstellung":

> „Eine Reihe von Subjunktionen (z.B. *weil, obwohl, während*) sowie das Wort *wobei*, die schriftsprachlich nur nebensatzeinleitend und entsprechend mit Verbletztstellung verwendet werden können, werden in der gesprochenen Sprache zunehmend auch mit Verbzweitstellung gebraucht. Diese Verwendung mit Verbzweitstellung ist bisher ausschließlich auf die gesprochene Sprache beschränkt."[57]

Auch SUSANNE GÜNTHER, deren Aufsatz im Jahre 2008 erschienen ist, thematisiert das Erwähnen dieses Phänomens in den Grammatiken. Sie bemerkt, dass es früher kaum für nötig gehalten wurde, „diese Verwendungsweisen in Grammatiken [zu] thematisieren", man heute jedoch durchaus auf ebensolche Kapitel in „traditionelle[n] Grammatiken" treffen kann.[58]

3.4 Folgen

Als mögliche Folge der Hauptsatzstellung in Nebensätzen ist zunächst das Aussterben der grammatisch gültigen Form zu nennen. Es könnte passieren, dass sich die Hauptsatzstellung finiter Verben künftig auf alle Nebensätze auswirkt und die ursprüngliche Form gar nicht mehr verwendet wird. Dies ist jedoch ziemlich unwahrscheinlich, da, wie zuvor bereits dargelegt, schon seit dem Mittelhochdeutschen beide Formen parallel existierten und verwendet werden konnten. Bisher hat sich die Verbzweitstellung im Nebensatz erfolgreich durchgesetzt. In der Schriftsprache wird nur diese als gültig angesehen. Daher ist es kaum wahrscheinlich, dass sich ein solcher Wandel vollziehen wird.

GLÜCK und SAUER gehören zu den vielen Linguisten, die sich Gedanken darüber machen, ob das finite Verb künftig in allen Nebensätzen nur noch in Hauptsatzstellung vorzufinden sein wird. Sie fassen zusammen:

---

[56] Duden Grammatik 2009: 865.
[57] Ebd.: 1206.
[58] Günther 2008: 116.

"... im wesentlichen ist die Hauptsatzwortstellung nach *weil*, *obwohl* und *während* aufs Mündliche beschränkt. Es wird sich zeigen, ob es bei dieser Verteilung bleibt oder ob die Verbzweitstellung im Lauf der Zeit ins Geschriebene übernommen werden wird. Gegenwärtig ist sie dort nach wie vor falsch."[59]

SUSANNE GÜNTHERS Aufsatz trägt die Fragestellung „Geht die Nebensatzstellung im Deutschen verloren?" bereits im Titel. Sie erörtert ausführlich, wann diese vorkommt und was die möglichen Folgen davon sein könnten. Sie stellt zwar fest, dass es in den letzten 30 Jahren eine enorme Zunahme im Gebrauch dieser Konstruktion, vor allem auch „jenseits der formellen Umgangssprache", gegeben hat, jedoch plädiert sie dafür, dass es „keine allgemeine Auflösung der deutschen Nebensatzstellung" geben wird:

> „Auch wenn sich im gesprochenen Deutsch die Verwendung der Verbzweitstellung ausbreitet, so müssen wir dennoch keine allgemeine Auflösung der deutschen Nebensatzstellung befürchten. Die Hauptsatzstellung breitet sich keineswegs in allen Nebensätzen aus; sie beschränkt sich auf die Konnektoren weil und obwohl sowie auf das Pronominalverb wobei."[60]

4 Schluss

Diese Arbeit hat gezeigt, dass das Phänomen der Hauptsatzstellung im Nebensatz existiert, sich weiter verbreitet und es tatsächlich dazu kommen könnte, dass diese Form als grammatisch korrekt angesehen werden könnte. Wenngleich es recht unwahrscheinlich ist, dass dies der Fall sein könnte, so sollten wir doch behutsam mit unserer Sprache umgehen. Die Deutsche Sprache ist genau wie das Lateinische noch immer eine synthetische Sprache. Obwohl sich unsere Sprache immer mehr zu vereinfachen scheint, so sollten wir doch darauf achten, dass wir sie während des zunehmenden Prozesses der Vereinfachung nicht immer weiter auflösen. Wir sollten weiterhin darauf beharrt sein, dass jeder neben seinem Dialekt auch das Hochdeutsche beherrscht und in der Lage ist, Sätze richtig zu formulieren und auch zu schreiben.

Es ist gut, dass Deutschland eine solche Breite an Dialekten und Mundarten zu bieten hat. So kann sich jeder noch so kleine Teil unseres Landes durch eigene Lexikologie, Morphologie, Grammatik, Syntax, Phonologie, etc. identifizieren. Dennoch ist es wichtig, dass auf die Einhaltung grammatischer Regeln und Konventionen geachtet wird, da unsere Sprache sonst in ihrer Grundexistenz bedroht wird. Um dies zu gewährleisten, ist es wichtig, dass über Missstände und Fehlkonstruktionen aufgeklärt wird!

---

[59] Glück/Sauer 1990: 50.
[60] Günther 2008: 123.

5 Literaturverzeichnis

Blatz, Friedrich (1896): *Neuhochdeutsche Grammatik mit Berücksichtigung der historischen Entwicklung der Deutschen Sprache.* Dritte völlig neubearbeitete Auflage. Zweiter Band. Satzlehre(Syntax). Karlsruhe: J. Lang's Verlagsbuchhandlung.

Boor, Helmut de und Roswitha Wisniewski (1984): *Mittelhochdeutsche Grammatik.* 9., um eine Satzlehre erweiterte Auflage. Berlin: Walter de Gruyter.

Duden (2007): *Duden. Das Fremdwörterbuch.* 9., aktualisierte Auflage. Hrsg. von der Dudenredaktion, Mannheim u.a.: Dudenverlag (= Bd 5).

Duden (2009): *Duden. Die Grammatik.* 8., überarbeitete Auflage. Hrsg. von der Dudenredaktion, Mannheim u.a.: Dudenverlag (Bd 6).

Erben, Johannes (1977): *Deutsche Grammatik. Ein Leitfaden.* Frankfurt am Main: Fischer Taschenbuch Verlag.

Gaumann, Ulrike (1983): *„Weil die machen jetzt bald zu". Angabe- und Junktivsatz in der deutschen Gegenwartssprache.* Göppingen: Kümmerle Verlag (Göppinger Arbeiten zur Germanistik Nr. 381).

Glück, Helmut/Wolfgang Werner Sauer (1990): *Gegenwartsdeutsch.* Stuttgart: J.B. Metzlersche Verlagsbuchhandlung (=Sammlung Metzler Bd. 252).

Günther, Susanne (2008): „Weil - es ist zu spät" Geht die Nebensatzstellung im Deutschen verloren? In: Denkler, Markus (Hg.): *Frischwärts und unkaputtbar. Sprachverfall oder Sprachwandel im Deutschen.* Münster: Aschendorff. S. 103-127.

Küper, Christoph (1991): Geht die Nebensatzstellung im Deutschen verloren? Zur pragmatischen Funktion der Wortstellung in Haupt- und Nebensätzen. In: *Deutsche Sprache. Zeitschrift für Theorie; Praxis und Dokumentation 19,* S. 133-158.

Kürschner, Wilfried (2008): *Grammatisches Kompendium. Systematisches Verzeichnis grammatischer Grundbegriffe*. 6., aktualisierte Auflage. Tübingen, Basel: A. Francke Verlag (=UTB1526).

Maurer, Friedrich (1926): *Untersuchungen über die deutsche Verbstellung in ihrer geschichtlichen Entwicklung*. Heidelberg: Carl Winter's Universitätsbuchhandlung.

Paul, Hermann (2007): *Mittelhochdeutsche Grammatik*. 25. Auflage, neubearbeitet von Thomas Klein u.a. Tübingen: Niemeyer Verlag.

Rath, Rainer (1979): *Kommunikationspraxis. Analysen zur Textbildung und Textgliederung im gesprochenen Deutsch*. Göttingen: Vandenhoeck & Ruprecht (=Kleine Vandenhoeck-Reihe 1452).

Sowinski, Bernhard (1991): *Stilistik. Stiltheorien und Stilanalysen*. Stuttgart: J.B. Metzlersche Verlagsbuchhandlung (=Sammlung Metzler Bd. 263).

Stowasser (2006): *Stowasser. Lateinisch- deutsches Schulwörterbuch von J. M. Stowasser, M. Pertschenig und F. Skutsch*. Auf der Grundlage der Bearbeitung 1979, neu bearbeitet und erweitert. München: Oldenbourg Schulbuchverlag.

Internetquellen:

Günther, Susanne (2000): *„Wobei (.) es hat alles immer zwei seiten." Zur Verwendung von wobei im gesprochenen Deutsch. Konstanz*. In: http://www.ub.uni-konstanz.de/kops/volltexte/2000/513/pdf/inlist18.pdf (Zugriffsdatum: 24.10.2010).

Heitzmann, Christian: *Notker der Deutsche von Sankt Gallen (950-1022)*. In: http://www.bsz-bw.de/depot/media/3400000/3421000/3421308/00_0178.html (Zugriffsdatum: 17.10.2010).

O.V. : *Anakoluth*. In: http://www.uni-protokolle.de/Lexikon/Anakoluth.html (Zugriffsdatum: 17.10.2010).